Anna Kadabra

Madame Prune

Es mi maestra y la jefa de nuestro club. Parece un poco anticuada ¡pero está aún más chiflada que nosotros!

Marcus Pocus

Mi mejor amigo, aunque a su cuervo no le caigo tan bien. Su magia es verde y le encantan las bromas y los planes absurdos.

Ángela Sésamo

Única en su especie, como su sapo. Tiene magia violeta y adora los cómics, los videojuegos y sentirse diferente cada día.

Oliver Dark

Aléjate de este mocoso. Quiere ser como su bisabuelo, el cazabrujas más famoso de Moonville. ¡Pues que intente pillarnos!

Anna Kadabra

¡Esta soy yo, con mi gato y mi magia arcoíris! Gracias a ella puedo resolver un montón de líos… y meterme en otros aún más gordos.

Sarah Kazam

Es la mayor de la pandilla, la mejor alumna… y la más mandona. Tiene magia amarilla y una cursi murciélaga como mascota.

Desfiladero Fantasma
Carretera a la ciudad
Coco y Chocolate
Cuartel de los Cazabrujas
Faro de las Tormentas
Escuela de Moonville

Moonville
Las Cuevas Gemelas
Granja de Mac Moon
Pozo de las Hadas
Mansión Encantada
Casa de Anna Kadabra
Pantano Monstruoso
Abuelo Castaño

DESTINO INFANTIL Y JUVENIL, 2020
infoinfantilyjuvenil@planeta.es
www.planetadelibrosinfantilyjuvenil.com
www.planetadelibros.com
Editado por Editorial Planeta, S. A.

Diseño y maquetación: Endoradisseny

Avda. Diagonal, 662-664, 08034 Barcelona
Primera edición: febrero de 2020
Decimoprimera impresión: octubre de 2021
ISBN: 978-84-08-22324-5
Depósito legal: B. 286-2020
Impreso en España – *Printed in Spain*

El papel utilizado para la impresión de este libro está calificado como papel ecológico y procede de bosques gestionados de manera sostenible.

Anna Kadabra

Un problema con alas

DESTINO

¿Has visto volar a un cerdo?

¡Pasa, pasa, llegas justo a tiempo!

A tiempo de ver cómo me meto en un lío de narices. Y, más exactamente, de narices de cerdo.

Pero espera, no hay que empezar la casa por el tejado. O, como decimos las brujas, nunca agarres la varita por la punta. Corres el riesgo de convertirte a ti misma en sapo.

Empezaré por el principio. Me llamo Anna

Kadabra y soy estudiante de brujería. Vivo en Moonville, un pequeño pueblo con un secreto enorme: ¡es un lugar embrujado! Se trata del punto en que se cruzan las corrientes mágicas de todo el país.

Mis poderes despertaron cuando me mudé aquí con mis padres. Que, por cierto, no tienen ni idea de que soy bruja. ¡Ojo con chivarse!

Cada mañana voy al colegio y, cada noche, vuelo a la torre de una vieja mansión encantada. Allí estudio hechicería con mis amigos Marcus, Ángela y Sarah. Todos hemos sido reclutados por Madame Prune, una bruja algo chiflada que quiere devolver la magia a Moonville.

También nuestras mascotas son especiales. Cosmo, mi gato, es tan escurridizo que sospecho que sabe atravesar paredes. También puede desordenarme el cajón de los calcetines en diez segundos. Pero eso es porque, además de magia, tiene muy mala uva.

Existen, por otro lado, animales mágicos salvajes. Los estudiamos cada viernes en clase de zoología fantástica.

El sapopótamo, por ejemplo, es verde, verrugoso y del tamaño de un armario ropero.

La gallina de la pólvora pone huevos explosivos.

La ardilla cola de víbora es muy tierna por un lado, pero mortal por el otro.

También está el conejo invisible, que tiene más o menos este aspecto:

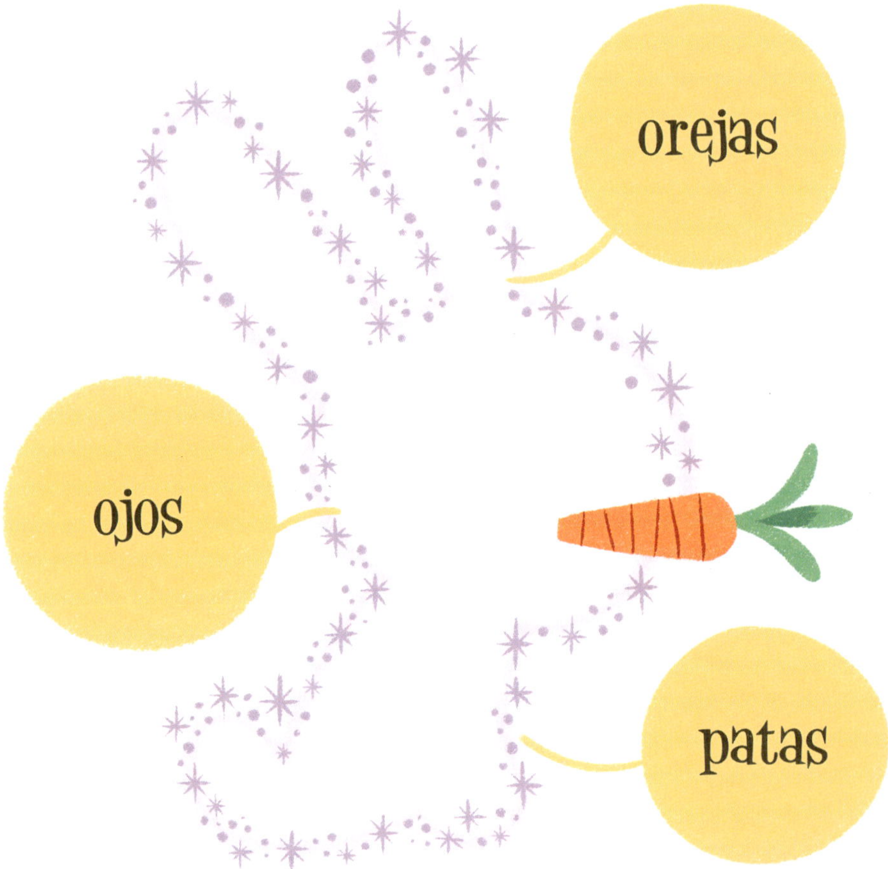

La criatura que vas a conocer en este libro tiene un cuerno en la frente y deja una estela multicolor cuando surca el cielo. ¿Te suena?

No, no es un unicornio ni un pegaso.

Es un cerdicornio. Una especie de cerdo con poderes extraordinarios… y peligrosos.

Claro que, ahora que lo pienso, todo comenzó por culpa de otro tipo de cerdo. Uno aún más peligroso. Mi compañero de pupitre, un abusón llamado Oliver Dark.

1

Una boñiga en primera plana

El bisabuelo de Oliver había sido un gran cazador de brujas de Moonville, tan famoso que hasta tenía una estatua. De él, Oliver había heredado el odio hacia la magia.

Ah, y la cara de bruto.

Aquel crío antipático tenía la sospecha de que las brujas habían vuelto al pueblo. Por ese motivo no dejaba de husmear alrededor de nuestra mansión. Una vez, hasta quiso prenderle fuego.

—¡Os digo que es allí donde se reúnen! —repetía—. ¡Las brujas han regresado a Moonville!

Por suerte, pocos le hacían caso porque no tenía pruebas. Al menos hasta el lunes en que apareció cierta noticia en el periódico.

Era temprano y yo estaba desayunando con mis padres en la cocina. Cada uno lo hacía a su manera. Mi padre se untaba su tostada con tanta calma que parecía estar pintando un cuadro. Mamá la devoraba a dentelladas para no perder tiempo. A mí se me cayó la mía al suelo y, al ir a cogerla, la pisé con el pie descalzo. Chof.

—¡Anna! —farfulló mi madre con ímpetu, escupiendo migas a papá.

Hasta ahí todo era normal. Sobre la mesa

del desayuno había tazas, platos, jarras y un periódico. Nos lo dejaban cada mañana en la puerta de casa.

Para mí, el periódico solo servía para no pisar el suelo cuando estaba recién fregado. Me daba sueño nada más mirarlo. Aquel día, en cambio, sirvió para despertarme de golpe.

Resulta que la noticia de portada era de lo más interesante.

Incluso algo preocupante.

Y, para ser sincera, un pelín tronchante.

Resulta que la estatua dedicada al bisabuelo de Oliver había sido atacada durante la noche. Cuando digo «atacada», quiero decir… ¡que le habían arrojado una boñiga! En la foto del periódico, la reluciente plasta chorreaba por la orgullosa cabeza de bronce de Oliver Rufus Dark.

Y no se parecía precisamente a una caquita de paloma. Era del tamaño de un melón.

Me entró tal ataque de risa que casi se me cae otra vez la tostada.

Al poco dejé de reírme y empecé a preocuparme. ¿Quién había gastado aquella broma pesada? ¿Sería alguna bruja vengativa a la que no conocía? ¿Y cómo reaccionaría Oliver al enterarse?

La respuesta la tuve al entrar en clase.

Llegué más temprano que nunca para informar del asunto a Madame Prune. Es nuestra maestra en el colegio, pero también la jefa secreta de nuestro club mágico.

Por desgracia, la profesora aún no estaba allí. El único que había llegado ya era precisamente Oliver.

—Hola, Anna —murmuró, con una sonrisa siniestra—. Te estaba esperando.

—¿A mí? —No pude evitar echarme a temblar.

A punto estuve de sacar mi varita para convertirlo en merluza. Las merluzas son lo que mejor se me da. Luego me acordé de que yo no era culpable de nada y respiré hondo.

—Ha ocurrido algo grave —siguió Oliver—. La estatua de mi bisabuelo ha sido atacada esta noche.

A mí que no me mirase. Yo no desperdiciaría un hechizo *Lanza Cacas* contra aquel vejestorio de bronce.

—Qué gamberros —dije, haciéndome la tonta.

—La estatua está frente a la pastelería de tus padres —añadió él —. ¿Ellos no han visto nada?

—No —negué —. Me lo habrían dicho.

—Estoy seguro de que han sido las brujas —murmuró Oliver con rabia—. Anna, tu casa está muy cerca de la antigua mansión. Tienes que dejarme montar un puesto de observación en tu ventana. Así podré enterarme de lo que ocurre allí cada noche.

Mira, antes de meter en casa a aquel abusón prefería invitar a una familia de mofetas.

—Déjame pensarlo —dije, y al segundo añadí—: Ni loca. Además, eso de las brujas es una memez.

—Eres una idiota —gruñó, furioso—. ¿Cuándo os daréis cuenta de que tengo razón?

—Cuando los cerdos vuelen —murmuré, satisfecha.

Bueno, pues justo en aquel instante… ¡un cerdo pasó volando por la ventana!

Al menos parecía un cerdo. Solo que tenía un cuerno en la frente y dejaba en el aire un rastro de purpurina. Para ser un marrano, era monísimo.

—¡Arrea! —gritó Oliver, agarrándome del brazo—. ¿Has visto eso?

—Eh —traté de disimular yo, tragando un litro de saliva—. ¿Ver el qué?

2

Un cerdicornio anda suelto

Vale, acababa de empezar la semana y la magia ya estaba fuera de control. Sin embargo, tenía que fingir que todo eran alucinaciones de Oliver.

—Sería una paloma muy gorda —le dije, volviendo la vista al pupitre.

Pero él, claro, no me creyó. Se pasó toda la mañana con cara de tonto. Más aún que de costumbre.

Quise avisar a Madame Prune, pero era imposible pillarla sola. Al final decidí dejarlo para la noche. Antes me propuse hacer ciertas averiguaciones.

Por la tarde me acerqué a Coco y Chocolate, la pastelería de mis padres. Como nadie se había molestado aún en limpiar la estatua, era un buen momento para hacer de detective.

Después de observarla un rato apunté tres pistas en mi diario mágico.

Al acercarme un poco, descubrí por qué resplandecía. La plasta estaba llena de purpurina. ¡Caca con purpurina! Asqueroso, pero muy interesante.

Me pasé la tarde pensando y pensando. Aún pensaba cuando aterricé con mi patinete volador sobre la torre de la mansión. Fue entonces cuando se me ocurrió la solución al problema.

Y, claro, la grité nada más entrar al club.

—¡Un cerdo volador se ha hecho caca sobre la estatua del cazabrujas!

Todos me miraron como si estuviera chalada. Hasta el cuervo de Marcus graznó a carcajada limpia. Y, sin embargo, aquella era la única explicación al misterio.

—¿Pero qué dices, hija? —me preguntó Madame Prune con las cejas levantadas.

—Que alguien conjure un termómetro para Anna —sonrió Sarah.

—No tengo fiebre, listilla —repuse—. Dejadme que os explique.

Les hablé del periódico y del extraño ataque. Del rastro de purpurina y del cerdo cornudo.

—Claro, y de ahí sale el beicon de colores —se burló Marcus Pocus, mostrando su sonrisa mellada—. ¿No sería un unicornio lo que viste, Anna? Hay varios en el bosque de Moonville.

—Que no —negué—. Era un cerdo volador con cuerno.

—Entonces sería un cerdicornio —sentenció Ángela Sésamo, que aquel día llevaba pantuflas de dinosaurio (no me preguntes por qué). Claro que ella, al menos, me creía.

—Imposible —opinó Sarah con retintín—.

No existen los cerdicuernos, o como se llamen.

—¿Y tú cómo lo sabes? —pregunté.

—Tengo en mi diario una lista completa de especies mágicas —repuso ella—. No hay ninguna criatura parecida a la que describes.

—Eso nunca se sabe —meditó Madame

Prune, dejándola chafada—. ¿Sabéis qué? Hoy no daremos clase. ¡Abrigaos, que nos vamos de excursión! Debemos investigar el caso.

Todos corrieron a recoger sus ropas, excepto yo. ¿No nos hacía falta una autorización mágica como en el cole? O, por lo menos, un bocadillo.

—Coge a Cosmo y vamos —me apremió Marcus señalando a mi gato.

En vez de subir al tejado, Madame Prune se dirigió a las escaleras. Eso quería decir que no íbamos a volar, sino a caminar. ¿Pero hacia dónde?

En el vestíbulo, una sombra plateada cruzó la pared como si tal cosa. Aquel era Carapuerro, el mayordomo de la mansión. Bueno, el fantasma del mayordomo.

—¿Acaso van a salir, señora? —dijo, tras inclinarse ante ella—. ¿Puedo servirla en algo?

Además de mayordomo y fantasma, era un plasta y un pelota.

—Sí, Carapuerro —respondió Madame Prune—. Estaremos fuera toda la noche. Le autorizo a usar su forma más horrible para mantener lejos a los intrusos.

Carapuerro asintió respetuosamente. Luego tomó aire y se hinchó como un globo. De repente ya no era un mayordomo, sino un monstruo gigantesco de colmillos como plátanos. Madame Prune ni se despeinó, pero yo casi ruedo por las escaleras del susto.

—¿Qué tal así? —preguntó la bestia con la ridícula vocecita de Carapuerro.

—Así está perfecto —asintió Madame

Prune, y luego encendió su varita—. ¡Andando, niños!

Seguimos su luz hasta el exterior de la casa y entramos al bosque, que estaba más oscuro que el sobaco de un murciélago. Solo se oía el ulular del viento.

—Pobre Cosmo. —Abracé a mi gato—. Estás asustado, ¿verdad?

El animal me miró como si estuviera loca. En realidad, él estaba perfectamente.

La que se hacía pis de miedo era yo.

3

Abuelo Castaño

Seguimos la luz de la varita de Madame Prune durante un buen rato. Tanto, que al final ya no temblaba de miedo, sino de cansancio.

A ver, es que yo quería hacerme bruja, ¡no exploradora!

—Juraría que era por aquí… —murmuró Madame Prune, rascándose el moño con la varita.

—Pero ¿qué estamos buscando? —protesté, apoyándome contra un gran árbol.

Apenas hube terminado de decirlo cuando el árbol empezó a temblar. Una nube de pájaros salió volando de la copa. Cinco o seis ardillas saltaron de las ramas. Y luego, de propina, se nos vino encima un chaparrón de castañas.

—¡Hurra, Anna! —exclamó la maestra, cuyos rizos le servían de paraguas—. ¡Lo has encontrado!

Iba a preguntar qué narices había encontrado cuando una voz ronca me sobresaltó:

—Los leñadores… Que vienen los leñadores…

¡El que hablaba era el propio árbol! Sobre su corteza se habían abierto una boca y dos ojos gordos cual manzanas. Sus raíces se sacudían como si quisiera salir corriendo.

—Calma, abuelo —lo despertó Madame Prune—. Solo estaba soñando.

—¡Soñando y durmiendo! —refunfuñó el árbol, y luego se fijó en la maestra—. ¡Anda! Tú debes de ser mi nieta, esa palmera gorda que vive en el Caribe. ¿Has venido de visita?

Ahí casi me vuelvo a hacer pis, pero esta vez de la risa.

—¿Quién es este loco? —le pregunté a Marcus al oído.

—Es Abuelo Castaño, el árbol más anciano y más sabio del bosque —sonrió él.

Que era muy anciano se notaba por las enormes arrugas que surcaban su tronco. Y por lo encorvado que estaba. Y porque oía menos que un zapato metido en una botella.

—¡Pero si soy Madame Prune, abuelo! —dijo la maestra—. La hechicera.

—¿La enfermera? —repuso el castaño—. ¿Ya es hora de mi medicina?

Con mucho esfuerzo, le convencimos de que no éramos enfermeros. Entonces pensó que éramos guardabosques. Luego nos tomó por

hadas de la primavera. Y poco después, por ardillas.

—¡Largo! —se enfadó, espantándonos con una rama—. ¡Aquí no hay bellotas!

—¡¡¡Que somos del Club de la Luna Llena!!! —voceó Ángela.

—Ah, los brujos —resopló el castaño—. Haberlo dicho antes. Bueno, ¿y qué queréis?

Madame Prune le habló entonces de lo que yo había visto por la ventana. De la extraña criatura mitad cerdo y mitad unicornio.

—¿Sabe usted algo de eso, abuelo? —preguntó a grito pelado.

—Mmm… Me suena —dijo el castaño—. Algo me contó una lechuza del otro lado del río. Por lo visto ella se había enterado por una bandada de gorriones. Los gorriones lo sabían

por un mapache, que a su vez era primo de una nutria que…

—¡¿Pero qué le contaron?! —le interrumpí, antes de que repasara toda la fauna del bosque.

—Pues que hace unos meses se escapó de su granja Monsieur Tocino.

—¿Quién? —preguntó Sarah con cara de asco.

—Monsieur Tocino, el cerdo más gordo del pueblo. Huyó de la pocilga y andaba solo por ahí.

—Bueno, ¿y qué?

—Pues que últimamente ya no iba solo. Se le ha visto en compañía de una hembra

de unicornio, esa cursi llamada Fifí Pompón. Me pregunto si ese cerdito volador no será su bebé…

—¡Por las astillas de mi escoba! —exclamó Madame Prune, pasmada.

Resulta que en el bosque de Moonville hay criaturas mágicas y no mágicas. Normalmente, las unas se mantienen alejadas de las otras. Las mezclas son muy raras. Al menos hasta que una unicornia y un gorrino se enamoran locamente. Era un poco raro, pero también un poco tierno. Como la caca con purpurina.

—¿Y sabe dónde pueden andar esos dos? —preguntó la profesora.

La respuesta de Abuelo Castaño fue un sonoro ronquido. Se había vuelto a quedar dormido como un tronco. Y nunca mejor dicho.

—En fin, volvamos al cuartel —murmuró Madame Prune—. ¡Esto no me gusta nada!

—Pues a mí me parece una historia muy bonita —opiné—. Seguro que ese cerdo será mucho más feliz en libertad.

—Eso sí —repuso la profe—. Pero nadie sabe qué poderes tendrá su extraño cachorro. ¡Suerte que solo lo has visto tú!

Huy, se me había olvidado contarles una cosita.

—Bueno… —titubeé—. Ahora que lo dice, también lo vio otra persona. Oliver, el de clase.

—¡¿Cómo?! —exclamó Madame Prune, soltando la varita del susto.

—No se preocupe —le dije—. Seguro que ya lo ha olvidado.

A la mañana siguiente supe que estaba equivocada.

4

Desplumada

Llegué a clase muerta de sueño después de mi aventura nocturna. Pero en la pizarra vi algo que me hizo abrir los ojos como platos. Como platos soperos.

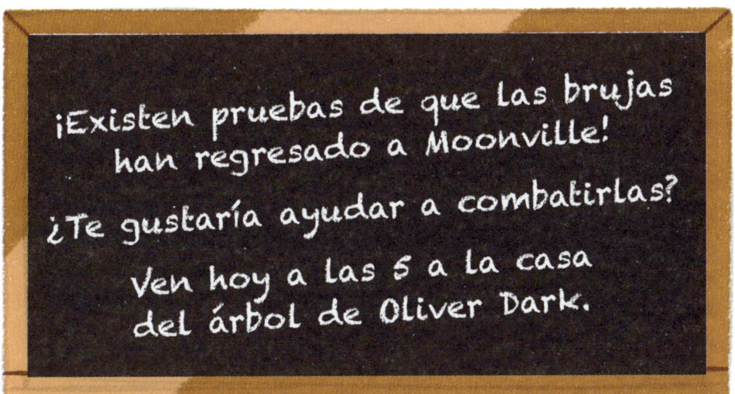

¡Por supuesto, Oliver tenía que ser!

Miré con preocupación a Marcus, que está en mi clase. Él me devolvió la mirada, más preocupado aún. Había que avisar a Madame Prune, ¡y rápido! El problema era que el tiempo pasaba y nuestra profe no aparecía.

Serían las nueve y cuarto cuando la puerta del aula se abrió por fin. Al principio pensé que la maestra había dormido mal y que por eso tenía aquel aspecto horrible.

Luego me di cuenta de que no era ella, sino un profesor con bigote.

—Madame Prune está enferma y no podrá asistir hoy a la escuela —explicó el hombre—. Yo la sustituiré.

¡Maldita sea! En el recreo, Marcus y yo buscamos a las otras para contarles la situación.

—Con Madame Prune o sin ella —dijo Ángela—, tenemos que acudir a esa reunión.

—¿Para ayudar a Oliver contra las brujas? —preguntó Marcus—. ¿Te has vuelto loca?

—Yo estoy loca siempre —replicó Ángela—. Pero es importante saber qué trama ese crío.

—¿Y si vamos disfrazados? —propuso Sarah—. Yo podría ocuparme de eso.

Decidimos citarnos a las cuatro en mi habitación. Mi casa es la más grande y apartada de todas, por eso siempre quedamos allí. Recibo tantas visitas que estoy a punto de poner un timbre en la ventana.

Cuando todos estuvieron dentro, llegó el momento de «disfrazarse».

Nos sentamos todos en la cama. Luego, Sarah alargó el brazo y volvió hacia nosotros la varita. Como si fuera a sacarnos un selfi mágico. Al fin, lentamente, recitó:

Si este conjuro te aplico...
¡te saldrán alas y pico!

¡Puf! Sentí una pequeña explosión y algunas plumas salieron disparadas. Cuando me volví hacia mis amigos, ya no eran mis amigos.

¡Cada uno era del color de su magia! La verdad es que a Sarah se le dan genial los conjuros para cambiar de apariencia. O eso pensé, hasta que me vi reflejada en el espejo del ropero.

—¡Pero si parezco una gallina atropellada por el desfile de carnaval! —protesté.

—Pues yo te veo genial —opinó Ángela.

Lo que me faltaba.

No quise discutir. Primero, porque se nos hacía tarde si queríamos llegar a las cinco. Y segundo, porque Cosmo venía hacia mí relamiéndose los bigotes.

Dejamos en mi cuarto a las mascotas y salimos volando hacia la casa del árbol de Oliver.

Era una cabaña situada sobre un gran fresno detrás de su jardín. Por suerte, había una rama perfecta para espiar junto a la ventana. Allí nos posamos los cuatro sin decir ni pío. Y nunca mejor dicho. En silencio, vimos que en la choza se amontonaban ya diez o doce niños.

Frente a ellos, Oliver parecía más hinchado que un pavo.

—¡Llevo mucho tiempo diciéndolo! —decía—.

Las brujas han vuelto a nuestro pueblo. Pero hasta ayer no tuve la prueba definitiva.

—¿Qué prueba? —preguntaron algunas voces.

—Han soltado un monstruo en nuestro pueblo —juró Oliver—. Ayer lo vi con mis propios ojos.

¿Monstruo? ¿Llamaba monstruo al cerdicornio volador? He visto conejos que daban más miedo que aquella criaturita.

—¿Qué clase de monstruo? —preguntó una chica en primera fila.

—Aquí lo he dibujado —contestó Oliver, descubriendo una gran cartulina sobre la pared.

Pensé que, al ver al cerdicornio, todos se echarían a reír. Pero lo que oí fue un murmullo de espanto. Lo entendí cuando me fijé bien en el dibujo de Oliver.

¡Qué maldito embustero! Aquella bestia no se parecía en nada al cachorro que habíamos visto.

—Supongamos que sea verdad —dudó un chico—. ¿Qué nos estás proponiendo?

—Que os unáis a mi club —repuso Oliver—. Mejor, dicho, a mi ejército. Se llamará los

Cazabrujas y protegerá Moonville contra la maldita magia.

Nos pusimos tan nerviosos que nos tembló hasta el pico. Oliver se volvió hacia nuestra rama.

—Nuestra primera misión será cazar a ese monstruo volador —terminó—. ¡Aunque sea a pedradas!

Rápidamente, sacó una piedra que tenía en el bolsillo… ¡y la arrojó sobre nosotros para probar su puntería! Por suerte, fuimos lo bastante

rápidos como para saltar del árbol y escapar volando.

No nos había dado por los pelos. O por las plumas.

A nuestra espalda, aún podía oír a algunos niños aplaudiendo. Qué salvajes.

Limpieza fantasmal

5

Por la noche, en el club, a nuestra lista de problemas se añadió uno más. Pronto podríamos empezar a coleccionarlos como cromos.

Era más de medianoche y Ángela Sésamo acababa de aterrizar en la torre sobre su aspiradora voladora. Mientras nosotros esperábamos, nuestras mascotas alborotaban. Mi gato perseguía al cuervo de Marcus. El cuervo revoloteaba sobre el sapo de Ángela. El sapo disparaba su lengua contra la murciélaga de Sarah.

—¡Ya basta de juegos, Cruela! —exclamó

Sarah, quien escondió al animal bajo el sombrero y suspiró—. Qué extraño que Madame Prune todavía no esté aquí.

Era cierto. Ni siquiera se había molestado en enviarnos un mensaje. Solía hacerlos aparecer mágicamente en nuestros libros del cole. Otras veces nos mandaba notitas al microondas.

¿Estaría enferma? ¿O sería algo aún peor?

Preocupada, bajé la cabeza. Y entonces advertí que mi luna brillaba más de lo normal.

Se trata de una pequeña insignia fluorescente que todos llevamos en las reuniones. Es el símbolo del club. Aquella noche, mi luna parecía emitir destellos azulados sobre mi pecho. Pero no solo la mía. ¡También las de los demás!

—Es una señal de peligro —murmuró Marcus—. Las lunas brillan cuando alguno de

nosotros está en un apuro. ¡Algo malo debe de ocurrirle a la profe!

—Pues habrá que ir a buscarla —decidió Ángela.

—¿Adónde? —preguntó Sarah—. Si ni siquiera sabemos dónde vive.

—¡¿No lo sabéis!? —me sorprendí.

Como fui la última en llegar al club, a veces olvido que los demás no llevan toda la vida en Moonville. Ellos también se mudaron aquí para aprender brujería.

—Puede que el mayordomo de la mansión lo sepa —sugirió Marcus.

—¡¡¡Carapuerro!!! —le llamó Ángela con su voz de pito.

El espíritu llegó en un periquete del piso

de abajo, atravesando la alfombra y levantando un montón de polvo. Todos tosimos ruidosamente.

—¿Qué desea, Madame Prune? —preguntó, y luego advirtió que la maestra no estaba—. ¡Bah, si sois vosotros! ¿Qué porras queréis?

Para Carapuerro, hasta las pulgas de la alfombra valían más que nosotros.

—Tenemos que ir a ver a Madame Prune —repuso Marcus—. ¿Podría darnos su dirección?

—Lo lamento —dijo el fantasma, aunque no parecía lamentarlo—. Esa información es confidencial.

—Pero se trata de una urgencia, señor Carapuerro —le rogó Sarah.

—Te repito que no estoy autorizado —insistió él, impasible.

—Pues espere —exclamó Ángela, enfadada—. ¡Que yo le autorizo!

Cuando me volví hacia ella, vi que estaba apuntando a Carapuerro. Pero no con su varita, ¡con su aspiradora! Antes de que el fantasma pudiera hacer nada, Ángela la encendió con el pie. Con un ruido atroz, el trasto se puso en

marcha… y aspiró a Carapuerro como a una nube de polvo.

—¡Malditos! —oímos su voz desde el interior del chisme—. ¡Maleducados, groseros!

—Venga, la dirección —ordenó Ángela cuando Carapuerro se cansó de maldecir.

—Avenida del Río, número doce —refunfuñó finalmente el fantasma.

—¡Gracias! —dijimos a coro, porque no somos tan groseros como él cree. Solo un poco despistados: se nos olvidó sacarlo de la aspiradora.

El caso es que salimos pitando en dirección a la Avenida del Río. Bueno, más bien volando.

Yo siempre pensé que las brujas vivían en chozas oscuras, entre frascos de gusanos fritos, arañas en almíbar e hígado de dragón, pero no.

Madame Prune ocupaba una casita modesta a la orilla del arroyo que cruzaba Moonville.

Aterrizamos con cuidado en su jardín trasero y escondimos los vehículos entre la maleza.

La puerta del patio, por suerte, estaba abierta.

—¿Madame Prune? —murmuré en la oscuridad, pero nadie respondió.

—Mirad —susurró Marcus—. Hay luz al fondo del pasillo.

Avanzamos hasta el cuarto iluminado. Era un dormitorio lleno de tapetes, encajes y cuadros de punto de cruz. Todo más cursi que un sapo con leotardos. Sobre la cama, nos miraba Madame Prune.

—¿Qué hacéis aquí? —gritó al fin, cubriéndose la nariz con un pañuelo—. ¡Marchaos!

—¡Oh, pero si está acatarrada! —exclamó Sarah—. Verá, nuestras lunas nos avisaron de que le pasaba algo. Creo que deberíamos quedarnos a…

—¡Que no, que me dejéis en paz! —chilló la maestra—. ¡Iros a…, a…, achíííís!

Al estornudar, su pañuelito salió disparado. Y yo a poco salgo pitando también.

Madame Prune no estaba acatarrada. Le había salido nariz de cerdo.

6 ¡Oink, achís!

Cuando le servimos un té caliente, Madame Prune se empezó a encontrar mejor. Quizá porque con la taza podía taparse la nariz. Aun así, de vez en cuando se le escapaba un estornudo o un gruñido.

A veces, las dos cosas a la vez.

—Todo ocurrió anoche, después de despedirnos —suspiró—. Volaba de vuelta a casa cuando, ¡achís!, vi algo brillar sobre la hierba del parque, ¡oink! Aterricé y descubrí que era un rastro reciente de purpurina. Sin duda, ¡oink!, el cerdicornio había pasado por allí.

—¿Y pudo verlo? —se emocionó Marcus.

—¡Oink, no! —repuso ella—. Pero se me ocurrió recoger un poco de purpurina para analizarla con calma. ¡Y mirad lo que me ha producido! ¡Achís! Me he levantado hecha un adefesio, sin magia, y con ganas de revolcarme por el barro del jardín.

Esto último lo dijo apurando su té, muerta de vergüenza.

—Puedo intentar arreglarlo —se ofreció Sarah, sacando su varita.

—No serviría de nada, hija —repuso la maestra—. Es una gripe mágica. Hay que esperar

a que pase por sí sola. ¡Menuda marranada! En fin, peor sería que me saliera un cuerno… ¡oink!

El caso es que ya tenía una verruga multicolor en mitad de la frente, pero no quisimos decírselo por no preocuparla. Además, era más urgente contarle lo de los Cazabrujas.

—¡Ese dichoso Oliver! —refunfuñó la profe al enterarse—. Debéis encontrar al cerdicornio antes que él y sus compinches, ¡achís! Sería terrible que lo descubrieran.

—¿Pero usted no viene con nosotros? —pregunté.

—¡No puedo salir así a la calle! Esta vez tendréis que apañároslas solos. Mientras vosotros investigáis, yo analizaré la purpurina para intentar encontrar un antídoto a la enfermedad. ¡Y tened cuidado de no contagiaros!

Dejamos a la profesora con la promesa de que buscaríamos a la criatura, y de que en nuestra siguiente visita le traeríamos bellotas. Era lo que más le apetecía.

Salimos de nuevo a la calle, cubierta por la niebla que subía del arroyo.

—¿Y ahora, qué? —preguntó Marcus—. Aún es pronto para volar a casa.

A las brujas, la luz de la luna nos espabila.

—El parque está al otro lado del río —dijo Ángela—. Quizá allí encontremos alguna pista.

Cruzamos a pie un puentecillo hasta el recinto oscuro del parque. El viento movía los columpios oxidados, que gemían con un chirrido siniestro.

Por un momento, la niebla se disipó para dejar pasar un rayo de luna.

—Allí —dije, señalando al fondo—. Veo un rastro brillante.

—¡Bueno, miradlo pero no lo toquéis! —nos advirtió Sarah.

Por suerte, la purpurina estaba entre la hierba alta. Si hubiera caído en la zona de los columpios, la mitad de los niños de Moonville se habrían vuelto cochinillos. La mayor parte, además, ya la había barrido el viento.

—Me pregunto qué buscaba aquí el cerdicornio —murmuró Ángela.

De pronto, el cuervo de Marcus Pocus voló hasta un árbol y se puso a graznar.

—¿Qué le pasa a Mr. Rayo?

El pájaro quería llamar nuestra atención sobre un hecho curioso. Una gran parte de las flores del árbol habían sido arrancadas de cuajo.

—Es un magnolio lunar —explicó Sarah Kazam—. Un árbol que solo florece de noche. Sus flores son únicas en Moonville y tienen un perfume muy fuerte.

—Entonces está claro —intervino Marcus—. El cerdicornio ha bajado aquí atraído por ese

olor y se ha dado un buen atracón de magnolias lunares.

—¿Y no podríamos hacer una poción con esas flores? —se me ocurrió de pronto—. Ya sabéis, para atraer al cerdicornio.

Los demás se volvieron hacia mí y parpadearon, confundidos.

—Anna Kadabra —murmuró Marcus al fin—. Estás como una cabra, pero tienes grandes ideas.

Sonreí, orgullosa. Luego, sin perder ni un minuto, nos pusimos a recoger magnolias. Hasta Cruela y Mr. Rayo volaron para alcanzar las de las copas más altas.

No me gustaba hacerle eso al árbol, pero si no deteníamos al cerdicornio, convertiría todo Moonville en una pocilga.

Antes de irnos, Marcus sacó su varita y recitó:

Era un hechizo regenerativo para que el árbol se recuperase pronto. Mientras veía cómo un resplandor verde envolvía las ramas, no pude evitar un gran bostezo.

Tendríamos que dejar la poción para el día siguiente. Hasta las brujas necesitamos dormir un poco de vez en cuando.

7

Perfume de magnolia lunar

Hay un refrán que Madame Prune repite a menudo: «Un buen hechicero no deja a nadie tocar su caldero». O sea, que para cocinar una buena poción bastan solo dos manos.

¡Pues nosotros teníamos ocho! Y eso sin contar las zarpas de Cosmo, las ancas de Globo, las garras de Mr. Rayo y lo que sea que tengan los murciélagos como Cruela.

Y claro, todos querían meter las suyas en la cacerola.

—¡A ver! —exclamó Sarah, apartándonos—. ¡Que no estamos haciendo espaguetis!

La enorme olla humeaba sobre el fuego mágico que habíamos prendido en la torre. Dentro burbujeaba un viscoso puré de flores pochas. Y ni siquiera olía bien. En el agua hirviente, el perfume de las flores parecía haberse evaporado.

—Esto se arregla con espinas de cactus —dijo Marcus, y las vertió en el caldero.

Al momento, la poción se volvió espesa y oscura como el chocolate. Solo que no olía a chocolate, olía a zapatillas de futbolista rellenas de estiércol.

—¡Qué asco! —protesté, tapándome la nariz—. ¡Haced algo!

—Hay que hacerla más ligera —opinó Sarah—. Unos suspiros de serpiente ayudarán...

Los suspiros volvieron la poción de color verde. Y, por suerte, también eliminaron el aroma a estiércol. ¡Pero es que ahora apestaba aún más! A aliento de zombi, por lo menos.

—¡Probemos con bigotes de ratón pelirrojo! —exclamó Ángela, encestando un puñado.

Genial. La poción no solo se había vuelto

colorada, sino que ahora olía como la cama de un vikingo que ha cenado fabada.

Volaron los ingredientes, se vaciaron los frascos, un humazo negro salió de la olla.

Al fin, desesperada, volqué un tarrito amarillo sobre el caldero. Al instante, la mezcla se estabilizó y empezó a oler a lo que debía oler.

¡A perfume de magnolia lunar!

—Bien hecho —me felicitaron mis amigos.

Solo entonces se me ocurrió mirar la etiqueta del bote: «Pedos de babosa». Qué potra la mía.

El caso es que ya teníamos lista la esencia para atraer al cerdicornio. Aquella misma tarde, la pulverizamos alrededor de la mansión.

Todos los rastros conducían al mismo lugar: al tejado de nuestra torre. Más exactamente, a la punta de la veleta. Allí arriba habíamos prendido la última flor que nos quedaba. La más jugosa, la más grande, la más bonita… y la más envenenada.

Ángela la había encantado con un potente conjuro del sueño.

Ahora solo nos quedaba lo más aburrido: ¡esperar! Mientras unos vigilaban, otros sobrevolaban el bosque en busca de los padres del cerdicornio, pero lo único que encontraban eran más cacas resplandecientes. Eso demostraba que el cachorro seguía cerca de Moonville.

También visitamos a Madame Prune para informarle de todo. La pobre estaba en su peor momento. Gruñía más que nunca y su verruga multicolor ya era del tamaño de un rábano. Estaba muy ocupada buscando el antídoto para la «gripe de la purpurina», como la había bautizado. Aun así, se alegró de nuestros progresos.

—¡Oink! —dijo, admirada—. Estoy segura de que pronto capturaréis al cerdicornio.

«Eso si Oliver no lo captura antes», pensé yo.

Resultaba que el pequeño cazabrujas no se había quedado cruzado de brazos: seis o siete niños de clase se habían apuntado a su club y entre todos habían montado su propia trampa en la casa del árbol. Marcus la vio y la dibujó en su diario.

Mecanismo de captura
Pienso para cerdos
Campana de aviso
Tonto con prismáticos

Vale, Oliver no tendría magia, pero confieso que tenía ingenio. La trampa disponía incluso de una alarma que sonaba si caía alguna presa.

Ahora solo faltaba ver quién atraparía antes al animal. Lo cierto era que pasaban las horas, los días, y nada cambiaba. Todos vigilábamos el cielo como si fuera a caer un meteorito.

Dentro de la torre, las noches eran cada vez más aburridas.

Sarah miraba la luna. Marcus se tiraba por los sillones. Ángela leía un cómic y yo dibujaba en mi diario mágico. Todo para intentar mantenernos despiertos.

Al fin, la noche del domingo, Sarah llegó muy excitada de su ronda nocturna.

—¡Los he encontrado! ¡He encontrado a los padres del cerdicornio en…! —un ronquido la interrumpió y ella se volvió, ofendida—. ¡¿Quién ha vuelto a dormirse?!

—Pero si estamos todos despiertos

—contestamos.

Atiza. El ronquido venía del tejado.

8

Bizcocho y Galleta

¿Alguna vez has visto a un cerdicornio dormir a la luz de la luna?

Aquella noche, yo lo vi por primera vez. Era tan mono que, a su lado, un conejito te parecería un monstruo peludo y orejón.

El animal estaba acurrucado bajo la veleta del tejado con las patas encogidas. Eso sí, roncaba como un hipopótamo, y pesaba como dos.

¡Menos mal que solo era una cría!

Lo cogimos entre todos con mucho esfuerzo y con mucho cuidado para no contagiarnos. Por lo menos, mientras dormía no soltaba purpurina. El conjuro de Ángela había funcionado a la perfección.

Lo metimos en una cesta que atamos detrás de la bici de Marcus. Ahora solo quedaba devolverlo a sus padres.

—Los vi en aquella dirección —dijo Sarah, señalando al horizonte—. Descansando junto a un riachuelo.

—¡Pues rápido! —dijo Ángela—. Mis hechizos de sueño son buenos, pero no duran mucho.

Cada cual cogió su vehículo, su mascota y despegó. Era una noche clara, tanto que pudimos seguir los meandros plateados del río hasta encontrar el pequeño arroyo.

Allí, al descender, vimos un espectáculo increíble. Más aún que el del cachorro roncando bajo las estrellas. A un cerdo y una unicornia acurrucados a la orilla del agua.

¡Eran Monsieur Tocino y Fifí Pompón!

La hembra fue la primera en advertir nuestra presencia y levantarse. Sorprendida, relinchó para despertar al puerco.

—¡Despierta, Totó! —chilló después—. ¡Son humanos! ¡Creo que vienen a por ti!

Totó. A Monsieur Tocino lo llamaba Totó. No se podía ser más cursi.

—¿Eh? —gruñó él, levantando el hocico—. ¿Qué dices, Fifí? ¿Quién viene a por mí?

Espera, que resulta que el gorrino también hablaba. Parece que la magia del unicornio se le había pegado. Al vernos, dio un respingo y saltó junto a la remilgada Fifí.

Él empezó a arañar la tierra con las pezuñas. Ella pateó el suelo y nos desafió con su cuerno. Daban un poco de miedo y otro poco de risa.

—¡Marchaos! —ordenó Fifí, agitando la melena como en los anuncios de champú—. ¡Totó no va a volver a la granja!

Marcus se adelantó arrastrando su bici.

—No venimos a llevarnos a nadie —dijo—. Creemos que Monsieur Tocino tiene derecho a vivir en libertad. Es más, queremos ayudarles devolviéndoles algo que han perdido.

—¡Oink! —gruñó Totó—. ¿El qué?

Con mucho cuidado, Marcus desató la cesta y la puso a sus pies. Dentro, un cuernecillo brilló a la luz de la luna. La cría se estaba desperezando.

Entonces vi el tercer gran espectáculo del día: un cerdicornio reencontrándose con sus padres.

—¡Bizcocho! —chillaron los dos—. ¡Pero si es nuestro Bizcocho!

«Pues vaya nombre para un cochino volador», pensé, pero lo olvidé enseguida. Fue bonito ver cómo se lanzaban a abrazar a su cría y el cerdicornio revoloteaba dándoles besos con la nariz. Realmente, Totó merecía estar con su familia y no encerrado en una pocilga.

—¡Gracias! —nos dijo el cerdo, con lágrimas en los ojos—. Creí que veníais a llevarme a esa sucia granja donde nos trataban tan mal. No quiero que me conviertan en jamón.

La unicornia le acarició las orejas con el hocico.

—Totó huyó de allí hace unos meses —explicó

ella—. Yo le enseñé a hablar y a esconderse en el bosque. Fuimos felices juntos… hasta que nuestros cachorros se escaparon.

Un momento. Calma. Que nadie se mueva.

—¿Ha dicho «cachorros»? —pregunté—. Pero ¿cuántos son?

—Dos, claro —gimió—. Mi pequeño Bizcocho y la traviesa Galleta. Ay, ¿dónde estará la pobre?

Todo el tiempo habíamos pensado que había un solo cerdicornio. Y resulta que se trataba de dos cerdicornios gemelos: Bizcocho y Galleta.

Pero ¿dónde se había metido Galleta?

Justo en aquel momento, un ruido rompió la calma del bosque. Era el tañido de una campana o un cencerro lejanos. Por la hora, no podía ser la de la iglesia. Y menos la de una vaca. Las vacas no suelen salir de juerga a las dos de la madrugada.

Todos nos miramos con cara de susto, temiendo lo peor. ¿Y si había sido la campana de la cabaña de Oliver? ¿Y si algo acababa de caer en su trampa?

Yo sacudí la cabeza. Prefería pensar que había sido una vaca juerguista.

9

Asalto a la casa del árbol

Como de costumbre, me equivocaba.

Al día siguiente, al entrar en clase, encontré un nuevo mensaje en la pizarra, pero esta vez no me asusté al verlo. ¡Esta vez casi me da un infarto!

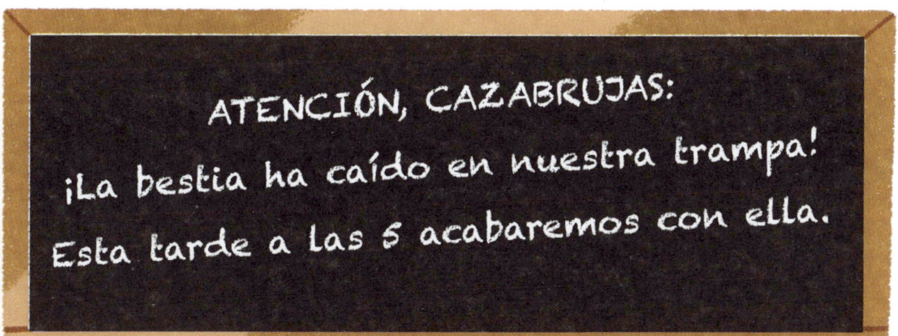

Nuestros temores se confirmaban. Galleta, la pequeña cerdicornia, había sido atrapada. Me la imaginé sola y asustada, revoloteando por la casa del árbol. Pobre criatura.

Oliver, sin embargo, hablaba de ella como si fuera un monstruo.

—¡Quedó encerrada anoche! —explicó a su pandilla—. Y esta mañana la he visto por una rendija. Vuela, tiene cuernos y es muy fiera. No para de gruñir y de golpear las paredes.

Los que lo oían sentían miedo, pero aún más curiosidad. Todos querían ir a ver a la bestia aquella tarde. Los Cazabrujas estaban entusiasmados y orgullosos.

Por desgracia, Madame Prune seguía fuera de combate. Parece que su cuerno había empezado a moverse, como si fuera un diente flojo. Cuando se le cayera estaría totalmente curada, pero hasta entonces no recuperaría sus poderes.

Mientras, a nosotros se nos acababa el tiempo. Teníamos hasta las cinco para idear un plan.

Por mi parte, votaba por un hechizo *Puntapié Mágico* para abatir la puerta de la cabaña. O, si no, por un patadón normal y corriente. Yo misma me ofrecía voluntaria.

—No creo que sea lo más sensato —opinó Sarah en el recreo—. Si destrozamos el cobertizo, daremos la razón a Oliver. Todos pensarán que la bestia ha escapado usando sus garras y sus dientes.

—Es verdad —la apoyó Marcus, y me sentí un poco traicionada.

—Podríamos hacer ver que Oliver se lo ha inventado todo —propuso Ángela.

—¿Y cómo? —preguntamos.

—En primer lugar, tenemos que dividirnos —explicó ella—. Dos de nosotros liberan a Galleta. Y los otros van a buscar ayuda.

—¿Ayuda de quién?

—¡De nuestro queridísimo Totó! —exclamó Ángela, imitando la voz de Fifí Pompón.

El plan se puso en marcha en cuanto salimos de la escuela.

En casa había sopa y albóndigas para comer.

La sopa, aunque estaba a la temperatura de la lava fundida, me la bebí de un trago. Las albóndigas las engullí como si fueran guisantes. Luego salté de la mesa y subí los peldaños de tres en tres.

—Pero ¡¿se puede saber adónde vas tan deprisa?! —gritó papá.

—¡A echarme la siesta y hacer los deberes! —respondí.

Debieron de pensar que me estaba volviendo muy responsable. O chiflada, no sé. El caso es que eché el pestillo y salí zumbando por la ventana con mi patinete.

Menos mal que mis padres trabajarían por la tarde en su pastelería.

Marcus ya me estaba esperando junto a la casa de Oliver. Parecía tan nervioso que hasta daba saltitos. Estaba impaciente por liberar a Galleta.

—Llevo un rato vigilando —murmuró mientras señalaba las ventanas—. Todo está calmado.

—Entonces, vamos —dije, y salté al jardín trasero.

Marcus conjuró un disfraz *Nebulosa Verde*

para cada uno. Así nos camuflaríamos mejor con la vegetación. Lentamente, avanzamos hasta el gran fresno.

La cabaña del árbol estaba cerrada a cal y canto. Dentro se oían suaves gemidos.

—Es tu turno —susurró Marcus, y yo subí de puntillas por los peldaños del tronco.

Un grueso candado bloqueaba la puerta. Esta era la parte que más me preocupaba.

Había pasado el recreo ensayando un hechizo que me permitiera abrir las cosas sin romperlas. Y durante el ensayo había roto mi estuche, la mochila de Ángela y una taquilla del gimnasio.

Ahora, en cambio, tenía que salirme bien.

Traté de concentrarme. Luego, con la varita en la mano, murmuré:

Por último, dibujé una llave en el aire con mi magia arcoíris. Esa era la parte más complicada. La llave, hecha de luz multicolor, se deslizó en la cerradura. «¡Clac!», hizo el candado.

Cambiazo

10

Me quedé de piedra al ver a Galleta.

¡Los dos cerdicornios eran tan parecidos que apenas se distinguían la una del otro! Ni siquiera estaba segura de cuál era el que había visto volando por la ventana.

La única diferencia era que Galleta tenía unos pocos lunares... y mucha cara de pena.

La pobre temblaba en un rincón de la cabaña,

rodeada de pienso desparramado. Llevaba horas intentando escapar y parecía agotada.

—Galleta, Galletita —murmuré, acercándome—. Venimos a rescatarte.

—Espera —me advirtió Marcus—. Voy a tranquilizarla para que no nos contagie con la purpurina.

Parecía un veterinario a punto de sacar una jeringuilla, pero no. Lo que sacó fue su varita para lanzar el conjuro *Serenidad Máxima*. Con uno de esos puedes dormirte haciendo el pino.

Cuando la criatura se calmó, la levantamos y la bajamos del árbol.

—Y, ahora, ¿dónde se habrán metido Sarah y Ángela? —pregunté, mirando alrededor.

—Pero si estamos aquí mismo —me sobresaltó una voz en la oreja.

Si hay algo que me pone nerviosa son los conjuros de invisibilidad. Con una risita, Ángela y Sarah se aparecieron junto al fresno, pero no estaban solas. Entre las dos surgió la gran figura rosa de Monsieur Tocino. Eso sí, parecía que venía vestido para un carnaval.

—¿Te pasa algo, hija? —gruñó el cerdo, mirándome.

—Ay —dije, con la cara contraída—. Sí, que me estoy mordiendo la lengua.

—¿Y eso por qué?

—Para no tirarme al suelo de risa —confesé.

Una carcajada hizo temblar la papada del animal disfrazado.

—Yo también estoy feliz de poder ayudaros —sonrió—. Y de ver por fin a mi Galletita. ¡Mirad cómo se alegra de verme!

Era verdad que, de repente, la cría parecía contenta, pero no hay que olvidar que estaba hechizada. Creo que se hubiera alegrado de ver al mismísimo lobo feroz.

—Los mimos para luego —mascculló Ángela Sésamo—. Que son ya las cuatro y media.

Solo faltaba la última fase del plan, y esa era la más complicada, la más peligrosa y la que necesitaría de la unión de todos nuestros poderes.

¡Subir a la casa del árbol al enorme Totó! Él ocuparía el lugar de su hija.

Los cuatro alzamos las varitas y recitamos a la vez:

Cuatro rayos de colores alcanzaron al cerdo, que empezó a elevarse muy despacio.

Daba igual lo que dijera el hechizo; el puerco no volaba como una nube. Más bien parecía que estábamos intentando subir un piano a un quinto piso.

Por un momento, pensé que se me partiría la varita del esfuerzo.

Al fin, Totó llegó arriba y el suelo de la cabaña crujió bajo sus patazas. Rápidamente, cerramos la puerta y nos retiramos. Ángela y Sarah huyeron con Galleta usando un nuevo hechizo de invisibilidad. Marcus y yo nos quedamos a vigilar. Al fin y al cabo, también íbamos a la clase de Oliver. Queríamos ver cómo liberaba a la «bestia». Y también reírnos un rato.

Al rato empezaron a llegar los demás niños

y a rodear el árbol. Algunos traían palos y tirachinas, como si fueran a asaltar un castillo.

Desde la choza, Totó gruñía representando su papel de monstruo.

El último en aparecer fue el propio Oliver, con un palo de escoba entre las manos.

—¡Bienvenidos! —nos saludó, como si fuera un coronel—. Hoy empieza la lucha contra las brujas de Moonville. ¡Hoy nos enfrentaremos con la bestia que nos han enviado!

Todos rugieron con entusiasmo. Y nosotros también, para disimular.

—Ahora abriré la cabaña —nos avisó Oliver—. Y acabaremos con el monstruo.

Los niños dieron un paso atrás y se hizo un silencio sepulcral. Oliver subió los peldaños del tronco muy despacio. Luego abrió el candado y volvió a bajar de inmediato.

Contuvimos la respiración, aguardando a la bestia. Al instante, la puerta de madera chirrió y algo asomó por la rendija.

—¡Ha asomado el hocico! —gritó Oliver, levantando su palo—. ¡¡¡Preparaos!!!

Fue entonces cuando apareció Monsieur Tocino. Estaba más cómico que nunca, meneando las alas de cartón. Se había puesto bizco y se miraba el cuerno de la frente.

—¡Pero si es un gorrino disfrazado! —se echó a reír alguien.

Aquella tarde, las carcajadas debieron de oírse más allá de Moonville.

11

El pícnic de los campeones

Había sido la primera vez que se enfrentaban el Club de la Luna Llena y los Cazabrujas.

El resultado estaba clarísimo.

¡Campeones! ¡La magia había vencido a la estupidez!

Para celebrar nuestra primera victoria, nada mejor que un pícnic nocturno. Lo celebramos en mitad del bosque en honor de nuestros cuatro invitados. Un cerdo formidable, una unicornia un poco cursi y dos cerdicornios muy gamberros.

Por separado, Galleta y Bizcocho resultaban muy monos; juntos, eran un peligro. Aún no nos habíamos sentado y ya estábamos todos rebozados en purpurina. Mascotas incluidas.

Menos mal que Madame Prune había dado con el antídoto para la enfermedad. Era un jarabe a base de fragancia de petunia… ¡y pedos de babosa! Esta vez, ella también pudo asistir a la reunión. Su nariz, su voz y su frente volvían a ser las de siempre.

—¿Y qué ha sido de su cuerno? —se interesó Ángela Sésamo.

—Pegué un último estornudo y se deshizo como si fuera de tiza —explicó la maestra—. Entonces mis poderes regresaron.

Para demostrarlo, hizo aparecer un montón de sándwiches vegetales con su varita.

Ángela se dejó caer en el suelo y refunfuñó. Le hacía mucha ilusión tener una profesora cornuda. No me preguntes por qué.

Después de hacer las presentaciones, nos sentamos todos a devorar la cena. Monsieur Tocino masticaba con la boca abierta y Fifí Pompón le regañaba.

—¡Más cuidado, querido! —dijo—. Recuerda que ahora vives entre seres mágicos y delicados.

Eso fue antes de que ella viera los merengues con nata. Se tiró a por ellos de tal modo que

casi se queda clavada en la cesta. Resulta que los unicornios no son tan finos como parecen, ni los cerdos tan guarros como se los pinta.

—¿Qué creéis que pasará con los Cazabrujas? —pregunté.

—Me parece que su club ha perdido bastantes miembros —rio Marcus—. Al ver que no había

ninguna bestia, todos pensaron que les habían tomado el pelo.

Era cierto. Se habían enfadado tanto que Oliver había tenido que encerrarse en su casa. Fue entonces cuando aprovechamos para bajar al cerdo de la cabaña.

—No os fieis —murmuró Sarah—. Ese crío no se cansará de dar la lata.

—Pues nosotros no nos cansaremos de mandarlo a la porra —afirmó Ángela.

Las dos crías sobrevolaron el mantel para rapiñar unos pasteles. Los había hecho yo, siguiendo una receta de mis padres, pero había cambiado la canela por polvo de magnolia lunar.

Madame Prune se volvió hacia Fifí Pompón, que tenía a Cosmo dormido en el lomo.

—Y ustedes, ¿qué harán?

—Creo que nos alejaremos de Moonville —repuso ella—. Nos mudaremos bosque adentro para estar más seguros. ¡Y todo gracias a sus alumnos!

—Son buenos chicos —asintió la maestra, mirándonos con orgullo.

Luego se volvió para ver despegar a los cerdicornios. Se habían rebozado en barro y ahora parecían Bizcocho y Galleta… de chocolate.

—Bueno —dije yo—. ¡Pero tengan cuidado con ellos! No quiero que vuelvan a lanzar sobre Moonville una de sus…

No pude acabar de decirlo, porque de pronto algo enorme cayó en el centro del mantel. ¡Una gran caca llena de purpurina!

Sobre mi cabeza escuché el gruñido satisfecho de los cerdicornios.

—¡Una de esas! —terminé diciendo, y saqué mi varita para convertirlos en merluzas.

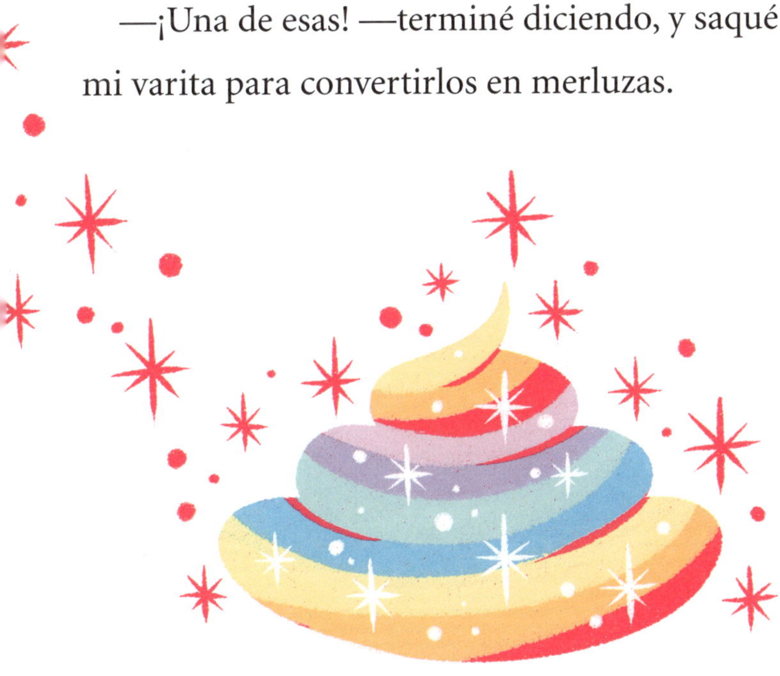

¡No te pierdas ningún libro de la colección!

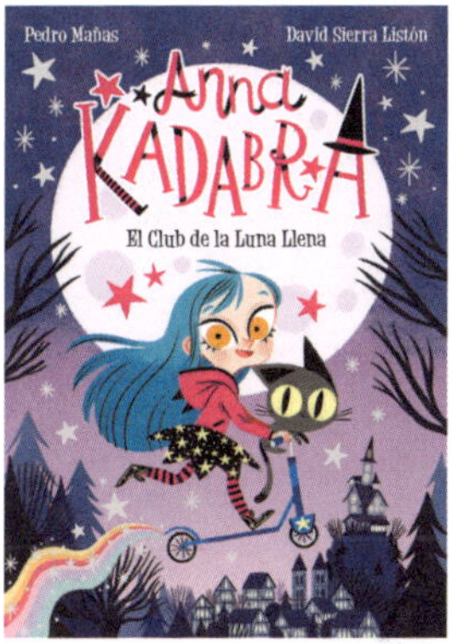

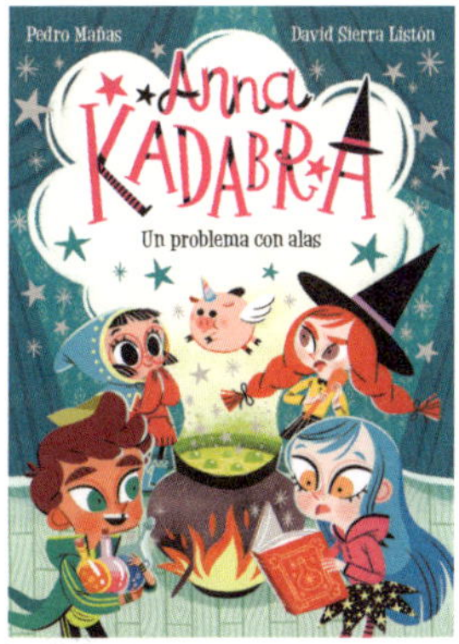

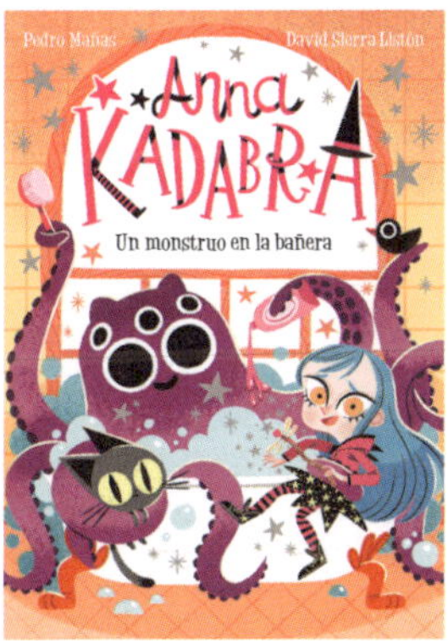

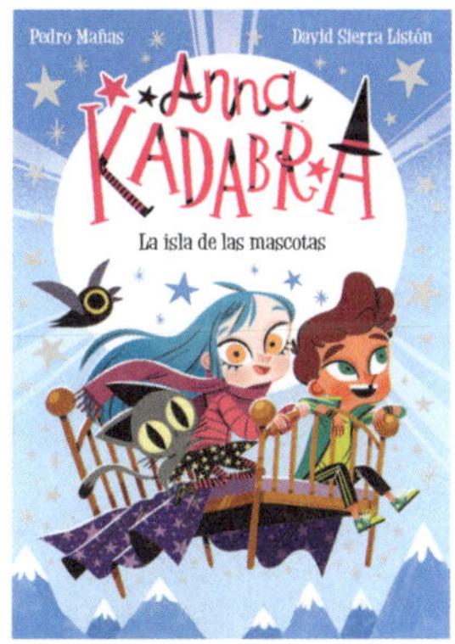

Y próximamente...
¡más aventuras del
Club de la Luna Llena!